献给伊夫、丽娜和佩尔

六个随从为我服务

（没有他们我可就蠢透了）。

他们名叫什么、谁、如何、

何时、何地、为什么。

我把他们派向陆地与海洋，

他们做了许多事，

等他们重回我身边，

我就让他们去休息。

他们朝九晚五不上班

（那时我在办公室），

复活节和圣诞节

也有假期。

可不是每个人都这么无私。

我认识一个小孩子，

拥有两万个随从，

他们从不过节日。

那孩子每天、每时把他们派出去，

他们已经习惯了：

三千个何地，三千个如何，

还有一万四千个为什么！

——拉迪亚德·吉卜林①《给最亲爱的人的故事》

———————————

① 拉迪亚德·吉卜林（1865—1936），英国小说家、诗人，
　于 1907 年获得诺贝尔文学奖。

孩子 都是 哲学家

[德] 依娜·施密特 著
[德] 雷娜·艾勒曼 绘
南曦 译

人民文学出版社
天天出版社

目 录

即使在平淡无奇的日子里，我们也会遇见许多新事物。有时候，只需看得更细一点儿，想得更多一点儿，就能发现一些相当扣人心弦的问题。

斐乐和索菲这对好朋友总会碰到这样或大或小的问题，并在一个很特别的地方找到答案。你愿意陪他们去那里，与他们一同寻觅吗？

在
正确的
地方

市郊有一大片田野，田野的一边以一条小路为界。夏天，小麦在田野里生长。用手抚摸麦秆，想象这些小麦将结出怎样的果实，真是令人期待。

小麦成熟以后，整片田野看起来很奇怪，到处是低垂的麦穗，一副垂头丧气的模样，仿佛还没有适应曝露在秋阳之下。

8

直到冬日将临，它似乎才甘心接受：还要等好一阵子，才能再次孕育果实。随后，寂静到来，田野似乎睡着了。它的面貌一直在改变，却始终是同一片田野，处于同一个位置。无论何时，人们若想远离城市和人群，稍作休息，总会想起它。

田野里有条小路，笔直地向前延伸。小路上有一棵桦树，树下躺着两块大石头，像条凳一样紧挨着树干。就在一道斜坡下，有小溪流过。一对鸭子在溪流中游来游去。

　　这两块石头是斐乐和他最好的朋友索菲最喜欢的地方。人们都管"斐利普"叫"斐乐"，因为他曾经和父母住在英国①。

　　斐乐和索菲住在同一条小街上，小街的起点正是田间小路的终点。如果骑自行车，用不了两分钟就能到达大桦树下。当他们有重要的事情要商量，或只是想安安静静地看云时，这里就是世界上最好的地方。在这个地方，思绪像是自己跑出来，又自己溜掉了。至于是否搞懂了正确的解题方法，上数学课时是否专心，都无关紧要了，因为人或许根本不可能知晓一切。比这重要得多的，是静下心去思考那些真正想问的事。

---

①　在英文中，Phil 是 Philip 的昵称。

当你环顾四周时，世界看起来很真实。只要正确地观察，或向正确的人士询问，人们就能感知并较好地阐释世界上的大多数事情。

　　但总有一些事，是人们看不见却真实存在的。今天，斐乐和索菲想要找出这些事物的与众不同之处。

事物究竟
为什么
存在？

索菲把自行车靠在桦树上，脱下新买的凉鞋，把脚埋进苔草里。这时，她看到一只瓢虫正在桦树下的这两块石头之间找歇脚的地方。她俯身让小瓢虫爬到自己手上，随后，把它放到蕨叶上，观察它如何气定神闲地沿着长长的叶子爬行。

12

"今天在学校，我们讲到了生活在树林里和田野中的动物。"索菲说着，眼睛还不忘紧盯着瓢虫的小步伐。

"嗯，然后呢？"斐乐有点儿心不在焉地咕哝道。他正忙着解鞋带。

"我们把所有可能出现的动物都列举出来了，蝴蝶、刺猬、狐狸，等等。接着法尔克举起手说，他们家后面的树林里住着真正的巨人。但我们的老师霍恩费尔斯女士说，巨人是不存在的，就算存在，它也不是动物。"

"是啊，不过众所周知，巨人只存在于故事中，它们是某些人想象出来的，仅此而已。"斐乐这样认为。他不是很清楚索菲究竟想说什么。

"是啊，不过如果我们能把巨人想象出来，那么它就应该以某种方式存在着——就算我们还没有在树林中见过它。如果巨人真的不存在，那么霍恩费尔斯女士又怎么知道它不是动物呢？无论是不是想象，巨人都肯定得是什么东西。这其中有什么蹊跷。"

13

索菲停了一会儿，看向瓢虫藏身的卷起的蕨叶："你看，尽管我现在看不见瓢虫，但它仍然存在。有许多东西我都没见过，却知道它们就在那里。好比一个人只在图片上见过长颈鹿，那么他怎么知道长颈鹿不是某个人想象的呢？"

"很简单，如果他愿意，他可以去动物园看它。"斐乐

回答道。

"对，没错，是这样。"索菲点点头，"但是比如恐龙，我们无论在哪里都不能再见到它们了。人们都说它们是灭绝了，而没有说它们是想象的，因为人们找到了被我们称为恐龙的这种动物的骨骼。不过我也可能仅仅因为看不到活的恐龙而相信这种说法。如果'人们能看到事物'这件事是如此重要，那么我怎么知道什么是真的存在、什么可能存在过、什么可能只存在于我的头脑中呢？"

"你说得有道理，这很难分清。"斐乐努力思考着，索菲几乎能听到他绞尽脑汁的声音，"尤其困难的是，人们还得考虑，还有什么别的东西也属于这种情况。忧虑也是存在的，人们却看不到，还有嘴里含着可乐糖的那种美妙感觉。这些东西人们一个也看不到，但我绝不会说世界上没有快乐——这完全是胡说八道。"

"的确，"索菲说，"而且既有可以看到的东西，又有需要想象的东西，还有用来品尝、感受的东西，以及或许只藏在某一个人那里、他可以向别人讲述的东西，这样可就有意思多了。"

她停了下来，望向小溪后面的芦苇。"斐乐，快看！"她拉住斐乐的胳膊，指向藏在芦苇里的一样粗糙的棕色东西，"看着像是桦树的老树枝，但也可能是个巨人，不是吗？"

15

"是啊，"斐乐咧嘴笑道，"我猜你明天肯定会告诉法尔克——霍恩费尔斯女士恐怕不怎么相信。"

　　当我们感到什么东西很美时，我们往往是被一些特别之处所打动：一个美妙的瞬间，一件美丽的衣服，或者一次美好的郊游。然而，让事物变美的到底是什么呢？今天在放学路上，索菲遇到了一些美的东西，但是斐乐并不完全同意她的看法。如果人们对美的标准很难达成一致，那么如何才能算得上美呢？当美的事物消失时，美又会怎样呢？

在去往田野的路上，斐乐和索菲路过了一座小花园，花园里的樱桃树开始开花了。索菲停下脚步，观赏着伸到篱笆外的树枝。

"看啊，斐乐，"她用双手捧住娇嫩的花朵，它们就像用白珍珠穿成的小珍宝，"多美啊，就像艺术品一样，只是没有人能做出来，全靠它自己长成。太棒了，不是吗？"

"是啊，很美，但也不过就是一朵花而已，总是开得很漂亮，两周后就又凋谢了。作为艺术品相当短暂，你不觉得吗？"斐乐说。

"是啊，不过无所谓啦，又不是只有保持得久的东西才美，只要像现在，我此时此刻看到的这样就行了。并且——"索菲想了一会儿，"这样人们就可以从中看到，事物调和在一起会有多好，它们成为一个整体，就像水中的波纹或是由许多碎纸屑拼成的图画——或许并不持久，但也

不要紧。美丽的日落也并非永恒。"

"是啊，日落真的很棒，绝对的。但是到底为什么有些东西美，另一些却不美呢？为什么你觉得花朵美，我却不那么有感觉呢？这也很奇怪。"

"我也想不明白。除了日落之外，你还觉得什么美？"索菲问。她让樱桃花慢慢从指间滑过。

"我有一些贝壳和蜗牛壳，是我夏天度假时带回来的。它们的内壁透出微光，可棒了。在不同的光线下，还会呈现不同的颜色，"斐乐说，"我觉得它们美极了。而且它们不会凋谢，始终保持美丽。"

"唉，我不知道。"索菲缓缓地放开樱桃树枝，树枝弹

回篱笆。"我觉得，有时候不仅仅是美的东西本身的问题，还与它们并不始终存在有关。树每年只在短短的时间内开一次花。还有圣诞节！圣诞节太美了，简直留不住。这一切很快就过去了，但人们就是知道，这种激动人心的事总有一天还会发生，因为人们确信美会再来。假如每一天都是圣诞节，我们或许就不觉得它美了。"

"是啊，或许'美'有两种存在形式，"斐乐应和道，"来来去去的美，以及当人们需要时总在那里的美——有时候，只因为人想到它，它就会出现。"

"没错，斐乐，那样人们就有了相当特别的东西——真正的美的思想。"索菲满面欢喜，斐乐有点儿自豪——自己能思考这样的事情了。

"等等，索菲！"他踮起脚尖，小心地摘下一朵特别漂亮的樱桃花，"我要把它放进我的压花本，这样你就会得到一朵花，它是一份提醒，让你记住它今天的模样——同时也是一份美的思想，意味着明年春天它会再来。而且你还可以将它一直留在身边。"

幸福是这样一件事：

每个人都想拥有许多，

并尽力把它抓牢固——

然而这到底可能吗？

斐乐和索菲告诉你，

对于幸福这件事，

越少寻找，越会来到——

请张开眼睛竖起耳朵，

学着去留心小事物。

"昨天我和我们班的劳拉约定，把一本名字很滑稽的书——《关于幸福及人们如何找到它》放到厕所里了。"索菲说，她正与斐乐躺在桦树下的草地上，"你相信人们能找到幸福吗？"

"就像妈妈不知道挂在哪儿的复活节彩蛋或家门钥匙一样吗？"斐乐想了想说，"老实说，我根本不知道人们能从哪里得知他找到了幸福，因为没有人知道幸福是什么样子。假设一下，你弟弟把他的一样发绿光的东西从床底下拖出来，大喊：'喂，我找到幸福了！'听起来很棒，但这种事我还从来没有听说过。"

斐乐又停下来想了想，说："我都不知道人们到底能不能去寻找幸福。"

"那你究竟怎么看呢？人们应该怎么做才能变得幸福？"索菲吃惊地问。

斐乐稍加思索，说："我认为，如果一个人拥有幸福，那么他就会被幸福找到。"对这个复杂的念头，斐乐又琢磨了一阵子，随后笑起来，"嗯，我是这么认为的。"

索菲沉默了很久，这是个相当特别的美妙瞬间。"我喜欢，"她说着，牢牢握住斐乐的手，"我觉得，此时此地，幸福就找到了我们。你不觉得吗？"

斐乐轻轻点点头，并回握住了索菲的手。

突然间，一阵微风吹动了桦树枝，树叶沙沙作响。这声音听起来仿佛是幸福自己给出的答案。这是一个幸福的"刹那"，很快又恢复了平静。不过有时候，只要一个短暂的瞬间，一种内心深处的美好感觉，我们就能知道自己与幸福相遇了——无须多言。我们肯定不必在厕所里放一堆厚书来找出答案。

情感是什么？这很难描述。尽管如此，我们都知道生气、担心、快乐和激动是怎样的。斐乐和索菲发现，同时拥有情感和思想这两者是很重要的，这样不仅会知道自己感受如何，以及如何解释一件事，而且还会知道自己想要做什么。

"噢，我气得要爆炸了，真是糟糕！"索菲一边骂，一边干脆把她的自行车扔到石头旁边的泥地上。自行车哐当作响，书包从后座上掉下来。索菲想要脱外套，一只胳膊却卡在了袖子里。"噢，真是的，今天什么也做不成！"她粗暴地将外套扔到书包边上，把脸埋进了双手里。

"你到底怎么了？在学校受气了吗？"斐乐有些吃惊地问。他还从没见过他的朋友这样烦躁。

"唉，反正现在也迟了——我已经好了。"索菲抽着鼻子说。

"我完全没搞懂。现在说说吧，到底发生了什么。也许还能补救补救。"斐乐坚持问道。

索菲张开手指，小心地从中指和无名指中间看向她的朋友："今天分配了夏季戏剧的角色。我们每个人都拿到一张纸条，然后要在上面写出自己的愿望，并说明理由：为什么我们认为自己可以出色地扮演理想中的角色。我很想扮演海盗的女儿，但我今天把纸条忘在家里了！霍恩费尔斯女士让至今还没有交上纸条的孩子们抽签决定角色。那样最了不起也就是演海盗团中的一员，说不定只能当一棵傻乎乎的一句台词也没有的棕榈树。"

"就这些吗？那你为什么到现在还在生气呢？"斐乐问。他挨着索菲坐到石头上。

"这该怎么说？为了什么？"索菲愤愤地骂道，"因为我一定要在剧中演个大角色！去年我们演《恐龙学校》，太有意思了。霍恩费尔斯女士说过，如果今年我还能参演，她会很高兴的。现在我把一切都搞砸了。"

"噢，真是的，索菲，这会儿你还忙着生气。你想想——霍恩费尔斯女士下午总是留在学校的托管班里，她说你应该在今天之内上交纸条，对吧？那我们就飞快地赶回家，然后把纸条交到托管班——这有什么问题吗？"

索菲终于把手从脸上放下来："没错！斐乐，这是个办法。我怎么没想到呢？"

"谁知道呢。因为你气急败坏，根本没法理智地思考。我也遇到过这种情况。我夜里做了噩梦醒来，也不能好好思考——就算我心里明白我不用害怕。"

"没错！"索菲喊道，"那样的话，人们看待世界的目光就会被情感所扭曲，察觉不了真相。但是美好的情感也会发挥作用。比如对某件事感到非常开心，有时候要拧自己才能相信，比如春天里第一束真正温暖的阳光照到脸上……又比如发现最好的朋友能在自己沉溺于情感的时候帮自己厘清思路。这些就是真正美好的情感。"

斐乐的脸上泛起一抹红晕："我想，这样人们就会真的明白，情感和思想的讨论这两者是缺一不可的。这件事非常重要。如果两者中的一个过于强势，那么在人的内心，一切都会有失偏颇，就像只用一条腿走路，或只用一只眼睛看事物，这时候自然就需要一些帮助了。"

"没错。那你知道还有什么事也很重要吗？"索菲跳起来，重新穿上外套，并把书包夹到后座上，"我们现在得快一点儿，可别因为情感和思想的讨论而错过霍恩费尔斯女士，今天无论如何都要把纸条交给她！"

或许世界上最美好的事情之一就是拥有朋友——好哥们儿或好闺密。不过，朋友究竟是什么呢？我们到底该如何认出这种特别的人呢？今天下午在小溪边，斐乐和索菲沉浸于这些思考之中。

我从
哪里知道，
你是
我的
朋友
？

"你是我最好的朋友,对吗?"索菲问。她和斐乐一同站在小溪边的桦树下,试着用扁平的石头打水漂。

"嘿,你瞧,三连击!"斐乐一心扑在打水漂上,只用半只耳朵听话,"什么?嗯,嗯,我当然是你最好的朋友。你在想什么呢?"他简短地回答道,却并没有看向索菲。

"别这样,斐乐,我现在是认真的。人显然更喜欢跟某些人在一起,而不是另一些人。他到底是怎么找到这些人的呢?"索菲坐到裸露的树根上,把石头从一只手传到另一只手上。

斐乐有些不情愿地转过身来,坐到索菲旁边。"不知道,"他思索了一会儿说,"也许人就是更喜欢与自己相似的人。他通过某种方式从别人身上看到了自己,因为那里有这种相似性。"

"是啊,但是那些大不相同的地方又怎么解释呢?"索菲问,"我不喜欢吃鱼,不能忍受足球,更愿意去阿姆鲁姆岛度夏，而不是地中海。你最喜欢炸鱼条，周末一场接一场地看足球比赛，觉得大热天棒极了。这么看来，我们一点儿也不相似——尽管我们是挚友。"

"是啊，不过也许并不需要所有方面都相似，重要的是清楚地知道相似之处和不同之处。人们喜欢像太阳躲在云朵背后一样，不用说什么就能合得来，就像不用说就知道假期即将结束是什么感觉。人们就是知道哪些事愿意一起做，哪些不愿意——比如用石头打水漂，和你玩最有意思了，"斐乐咧嘴笑道，"而且肯定永远如此。"

索菲从树根上站起来，用一块灰色的小石头打了一个水漂。"哈，五连击！"她笑道，还没等斐乐把下一块石头从裤兜里拿出来，索菲就飞快地说，"也许世界上最美好的事就是有一个能够一起用石头打水漂的朋友。"她决定过一会儿把今天找到的最好的扁平石头送给斐乐——让他记得，她愿永远做他最好的朋友。

这种情境你肯定不陌生: 脑子里塞满了思绪, 一时间你根本不知道自己究竟要思考什么。

　　这天, 斐乐试图向索菲描述脑子里思绪凌乱的状况, 以及这些思考所关何事, 他们还讨论了人们在思绪纷杂的情况下如何才能入睡。

"昨天晚上我怎么都睡不着，"斐乐坐在桦树下的石头上，一边啃着带到学校没吃完的面包，一边说，"早上彻底睡过了头，没来得及吃早餐。不管怎么样，对一天来说都是个糟糕的开始。"

"你怎么会睡不着呢？"索菲问。

"不是很清楚——不知怎么回事，我的脑袋里塞满了思绪，一点儿空余没有。就像椅子撞到书桌，抽屉里所有东西都乱成一团那样。"

"哎呀，你的抽屉没被撞时也是那副样子，不是吗？"索菲咧嘴笑着反驳道。她从餐盒里叉出一块苹果。斐乐太入神了，以至于没有对索菲的评论感到生气："是啊，不过我还是能找到大部分要找的东西。那只是看起来混乱而已，其实并非如此。但脑子里却是另一回事。有时候会发生一些事，把我的思绪和想法搅乱，接下来一团混乱无法平息。一切都在变动，而我不知道该在哪里寻找头绪。这种状

况下，没人能睡着。"

"有时候也许只能从乱局中寻找头绪——就像在迷宫里找到一条绳子。你可以试着去追踪撞到你头脑里的东西，找到你这些思绪的成因。有时候，只要知道事物为什么是这样，或者它从哪里来，就会有所帮助。"索菲思索着说。

"是啊，不过思想从哪里来？特定的思想是如何形成的？仅仅是由于外部的什么东西敲击我的头脑吗？夜晚我躺在床上向自己发问，却引来越来越多其他的思绪。这——我想——也没有帮助吧……"斐乐说。

"确实。"索菲点点头，"不过也许问题的关键根本不在于让思绪的旋涡停下来，而在于知道它是如何旋转起来的——就像扔泡腾片或者吹肥皂泡一样，只需要水或空气，就可以让东西起泡沫，或者吹出绚丽的泡泡在空中飘转。如果能这样看待自己的思绪，甚至为自己有这么多思绪而高兴，或许就能睡得特别好吧，你觉得呢？"

"嘿，索菲，这真是个好想法，我今晚就来试试。"斐乐打着哈欠说。不过他其实相当肯定，今天不会有什么肥皂泡思绪来阻止他睡觉的，或许明晚吧。

长大是一个充满秘密的事件。大多数成长都是自发的，人们对此根本做不了多少事。尽管如此，你还是可以时常想想：你喜欢什么，想学会什么，你觉得什么重要。斐乐和索菲也会思考他们长大后想做什么——这一点儿也不容易。

"快来瞧，索菲！"当索菲把她的自行车停靠在两块石头边上时，斐乐激动地喊道，"现在已经出来了，你看，成功了。"

"什么成功了？"索菲好奇地问。她一把将书包扔到地上。

"这里，葵花子，我们种在树根旁边的葵花子，已经从土壤里长出小叶片了。你看到了吗？"

"噢，看到了，有好多呢，七片。"索菲数道，"哎呀，等它们长大了，就会开出向阳花。你觉得它们会长多高？"

"不知道，"斐乐思索道，"它们总是会长得参差不齐。我两年前种在窗台上的那些也不是都长大了，只有三棵，我把它们移栽到了小屋外面。"

"为什么有些能长得那么大，那么漂亮，有些却不能呢？这很奇怪，不是吗？向日葵是在很小的时候就知道自己

该如何生长，还是在成长的过程中才知道的呢？你

怎么想，斐乐？”

"嗯，我认为，这棵小植物现在已经'完成'了什么东

西，或许是像列车时刻表那样的东西。至于它们以后会不

会长成，或许还得看是否受到了阳光的照射，生长的土壤

是否肥沃。"

"是啊，还有它们是否得到了充足的水分，"索菲想了

想，继续说，"否则即使是最强壮的葵花子也长不成什么。

有趣的是，这和我们有点儿像——如果我们吃得不够或睡

得不够，我们也不能很好地成长。"

"没错，"斐乐笑道，"但是我们还有一些很棒的东

西，是向日葵所不能享有的——我们可以思考我们最喜欢

做什么，想成为什么样的人。"

"那么，你想做什么呢？"索菲问。

"我不知道。当我的姨妈问我长大以后想做什么时，

她指的总是一种职业或类似的东西，这我可不知道。我根本不知道有哪些职业——不过有些事，等我长大以后，我可能很愿意做。我期待有一天，我的腿变得很强壮，那样我就能把自行车骑上学校前面的陡坡，而不会滑下去。我还希望可以做爸爸，陪我的孩子们踢足球，就像我爸爸总和我做

的那样。啊，对了，我还想做一手好菜，这样就总能吃到美味佳肴。"

"噢，是啊，听起来不错，你可以常常邀请我吃饭，我们可以在花园里烧烤——等我们长大以后。棒极了，不是吗？"索菲高兴地说，"我希望保持快乐，即便长大了也是。你不觉得大人们总是很严肃，操心许多一点儿乐趣也没有的事情吗？所以有时候我根本不知道长大到底是否美好。不过也许只要做正确的事情，并多多留意那些不仅重要而且快乐的事就行了。嗯，或许人们应该每年种向日葵，并观察它们怎样长大、变壮，最终变得又美好又快乐，这样做人们也许就会想起那些美好、快乐的事情来，尽管他们已经长大了。"

"好计划！"斐乐笑着，从书包里取出空饮料瓶，"为了让我们的向日葵获得充足的水分，我们现在先比比，看谁能先跑到小溪那里吧！"

　　有时候这个世界相当不公平，不是吗？索菲也这么认为。不过，她和斐乐稍微多想了一会儿，就对"公平到底意味着什么"有了全新的想法。或许人们不仅要期待进步，而且要促成进步。这样一来，世界看起来也会更公平一些吧。

离桦树不远的地方有三棵老苹果树。它们不太高大，但其中最大的那棵今年结了七个又沉又红的苹果。

斐乐踮起脚尖，伸出手臂——摘到了。他自豪地把苹果握在手中，用外衣把它擦干净，然后咬了一口："好吃。已经很甜了。"

此时，索菲却在和另一根树枝上较劲。她只能勉强用指尖碰到挂在那里的苹果。"这太不公平了，"她喊道，"你比我小三个月，却高得多。我怎么都摘不到。"

"来，让我试试。"斐

50

乐踮起脚，为他的朋友摘下了两个苹果。

"谢谢，"索菲嘟哝着说，但她看起来并不怎么开心，"这太不公平了。我总是最矮小的，运动的时候我从来接不到球，在家里拿架子上的糖果还得搬板凳，现在我都不能靠自己摘到苹果。为什么人不能长得一样快呢？那样就公平多了。"

"但是，如果所有人最终都一样高，你不觉得很滑稽吗？"斐乐反驳道，"你想象一下，你妈妈和食品店里的那个店员一样高，那么魁梧！或者你想想，如果我爸爸和我奶奶一样矮小……我觉得我喜欢人们高矮不一。"

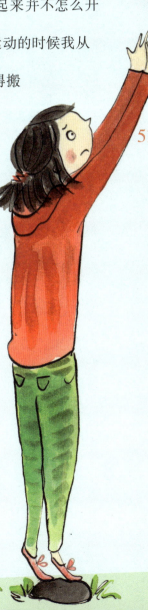

"是啊，但是高个子总是更方便，什么都拿得到。个子高的人通常也更强壮，跑得更快。反正就是不公平。"索菲嘀咕道。

"不过也许只是看起来如此，因为你根本不能体会，高个子也有难处。比如说，我的头老是撞到书架上；还有，我老是得从高处的柜格里取棋牌，因为我妹妹够不着！"斐乐反驳道，"或许公平根本就不是指所有人都要一样，而是人们各有所长。你记得我们玩捉迷藏的事吗——在游乐场跟劳拉和法尔克？"斐乐问，"你藏得最好，因为你可以钻进长椅下面的'小木屋'。我就钻不进去，法尔克的大长腿就更别提了。"

"嗯，有道理。我得考虑考虑，矮个子有什么好处，这样如果运动时劳拉再把球从我眼前抢走，我可能就不会生气了。"

斐乐用自行车钥匙出神地凿着一个树洞。"噢，糟糕，"他突然叫道，"我的车钥匙掉进去了，拿不出来了。怎么办？"

"让我试试！"索菲咧嘴笑着说。她把手指并拢，蜷缩成细条，伸进那个小树洞里。"拿到了！"她得意地把钥匙举高，"有我这样的小手真棒！"她笑道。对此，她根本没有觉得不公平。

在你的想象中，死亡是怎么回事？你是否认为，我们死后，生命还会继续？今天，斐乐和索菲思考了这件事。这可真不是个轻松的问题，不过有时候想想悲伤的事情也有好处，因为它能让我们意识到，我们周遭这些活生生的事物是多么美好和令人快乐。

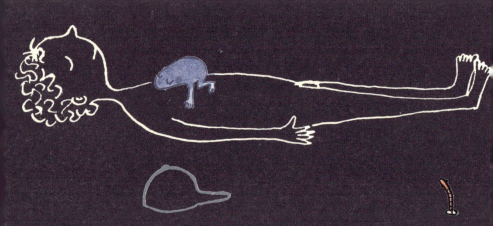

死亡究竟

是

怎么

回事？

"上个星期，雷伯莱希特先生去世了。"斐乐说。他正卷起裤腿，将脚尖伸进溪水中。"已经很凉了，不过还有一点儿夏天的余温，不是吗？"索菲说。她把一只脚伸进了水里。

"他在夏天的早晨也总是光着脚在花园里走路，据说脚上沾了露水会有益健康。"斐乐继续说。

"谁？"索菲问。

"唉，雷伯莱希特先生啊，我们的邻居。"斐乐不耐烦地回答道。

"原来是他，和气的老先生，住在你们家花园后面那栋小白房子里——呃，是曾经住在那里。"索菲连忙补充道。

"是啊，就是他。真是奇怪，他现在就这么走了，再也不会穿过花园，或把我的足球从灌木丛那边扔回来。"斐乐停了一会儿，晃了晃他的湿脚趾。然后他接着往下说，"我真的很想知道，死亡究竟是怎么回事。我不明白的是，有一天，人还能重新回来吗？所有那些关于天堂和重生的故事，我都很难想象。你觉得，如果我们每个人都确切地知道死后发生的事，会不会更好呢？"

索菲拔了几根草，让草茎一根根地滑过手指："唉，我也不知道。有时候我想，这有点儿像旅行，就好像我们在这个世界上以某种方式度假。我们从什么地方来，就像在火车站下车。然后就开始到处游历，认识城市和人物，寻找住所，等等。等到在这里待得够久了，就不知怎么想起来要重新收拾行李，回到火车站，乘坐下一趟火车。我们也不知道以前如何，或许以后如何也根本不那么重要。"

"但是你一点儿也不怕什么时候会死去吗？"斐乐吃惊地问。

"那倒不是。我也害怕我奶奶会去世，她已经病了很久了，还有爸爸妈妈，不知什么时候会离开。不过这真是一

种沉重、黑暗的感觉啊,我不愿意多想。"

"那你是怎么摆脱它的呢?"斐乐很吃惊,索菲竟然这么懂这些事情。

"我还有另外一种'大'的感觉,在这种黑暗的时刻,我会试着想起它。这种感觉就是:还有许多事是我所不了解的,要去探索。想到这里,我就突然有了比害怕死亡更重要的事要做。反正死亡是我无法知悉的。"索菲向斐乐笑道。现在她把另一只脚也伸进了水里。

"噢，真厉害，索菲，有时候你真的很勇敢。"斐乐忍不住说。

"是吗？"索菲咧嘴笑道，"现在水也没那么凉了。"不过她知道，斐乐指的不是这个。她很快补充道，"我认为，有时候人们应该单纯地相信，而不要想那么多。如此一来，那些人所不能了解的事就没有那么可怕了——说不定人们还能坐着火车去天堂旅行，在那里光着脚在草地上跑呢。"

关于时间的问题相当神秘，你发现了吗？当你做一些紧张刺激的事情时，时间过得飞快；而无所事事的时候，时间又过得很慢。

斐乐觉得生日前的这个下午怎么也过不完。索菲想到了一个主意。她和斐乐一同思考，时间的流逝到底为什么会如此不同——或者说，这件事也许根本不是这样？

时间 如何 流逝 ?

"到底为什么生日前的这一天总是一年中最长的一天呢? 时间根本走不动。"斐乐嘀咕道。他试着把轮滑鞋放到最大的石头上。

索菲早就来到这里了。她在用树皮块做小船,并寻找合适的叶片做帆。"高兴点儿吧,这样你就能高兴得更久一点儿。"她回答道,此时她正试着把一片叶子固定到小木棍上,再把木棍插到树皮块上,"我还得等半年多,才能再过生日。"

"是啊,不过还有那么久,根本算不上等待,时间就那么过去而已。"听起来斐乐一点儿也不开心。

"如果你来帮帮我,这个下午肯定会过得很快的。"索菲看到斐乐满脸焦躁,于是提出建议。

"让我瞧瞧,你做了多少只小船了?"斐乐问道。他终于把轮滑鞋摆到石头上去了。

"你瞧，已经做好四只了，有两只不太对头，船帆装不上去。"

"拿过来。"斐乐从外套口袋里掏出刻刀，并将一把藏在书包侧袋里的小折刀递给索菲，"我们用刀把桅杆削得尖一点儿。这样应该能行。"

索菲又递给他两小块树皮。他们俩又刻又锉，做了十二只树皮块小船。

"来吧，我们到下面的小溪那里去，看看哪只船游得最快，或许我们可以让一只小船游到对岸去，你说怎么样，斐乐？"

"好主意。"斐乐看了一眼手表。

"噢，我只剩半个小时可以玩了，怎么会这样呢？之前这个下午很漫长。"斐乐吃惊地说。

"是啊，总是这样的。"索菲回答道，"当人们经历有趣的事情时，时间就过得飞快。只有经历糟糕的事情时，人们才会时时刻刻踱来踱去，生怕时间停下脚步。"

　　"的确，不过如果人们能常常思考，如何使所做的或必须做的事情变得有趣，那就最好了——那样的话，这种无聊的'生日前的时刻'就不会再有了。"

　　"没错，"索菲喊道，"来吧，我们得快一点儿，否则下午会过得比我们希望的还快，我们就不能玩小船了。"

"走吧，"斐乐咧嘴笑道，"这绝对是有史以来我生日前过得最快的下午。打赌吗，我的船游得比你的快？"

"走着瞧吧，也许最慢的船才是真正的赢家。"索菲笑着，往小溪边跑去。

家是一个让人自在的地方。不过有些人也能带给我们家的感觉。斐乐和索菲问，人们是只能有一个家，还是可以带走"家的感觉"——比如搬家。如果运气不错，人或许最终会在世界上不同的地方找到家。尽管如此，有一个地方，也就是一切开始的地方，总是具有特殊的意义……

→保尔

"你知道吗？保罗马上要搬家了，搬到城市的另一边去。"斐乐问道。他正和索菲把老树枝搭成堆，为刺猬建一个过冬的小屋。

"真的吗？那他得去另一所学校了吧？换成我，这么突然地去另一个地方，每天见之前与我毫无关系的陌生人，想想就觉得很奇怪。"

"嗯，我们还是可以经常约他玩，他离得并没有那么远，不过我们再也不能走路过去问他有没有兴趣踢足球了。奇怪，我根本记不起来我们从英国搬到这里的时候是怎样的。或许搬家对特别小的孩子来说是另一码事吧。"

"是啊，你说得也许有道理。本来对小孩子来说什么都是新的。不过如果已经有了家的感觉，再搬走，就真的很孤单了。"索菲接着说。她正试图从矮树后面拖出一根特别粗壮的树枝，"随后突然有其他人住进这栋房子里，不知什么时候也会谈到'他们的家'。再往后，或许还会有某个名叫保尔的年轻人住进这个房间，将它称为'他的房间'。很奇怪，不是吗？不过也许人们很快就会适应，比想象的还要快。"

"我现在无法想象自己如何去适应一个新房间，"斐乐肯定地说，"人没那么容易改变。'造'一个新的家，不像织毛衣或做桌子那样。"他帮索菲把树枝堆到另一根树枝上面，"我有时候想，如果爸爸真的必须去另一个城市工作，我们又要搬家，会怎么样呢？那样的话，我真正的家——我相信——永远都在这里。"

"但是这对那些必须搬家，甚至去另一个国家生活的人来说，实在是太糟糕了。那他们在哪里都没有家了。其实并不是这样。只要至亲的人在一起，那个地方就是家。搬家的时候，其中一些家人总会一起搬来。"

"嗯，或许也不完全如此，或许人们还有'第二个家'之类的东西，可以在搬家的时候带走。有一种感觉，藏在人的内心，藏在同行的人们心中，也藏在人们所拥有的物件，比如相片、书籍、水壶和被子之中。尽管如此，我相信，还是没有别的地方像这里这样让我有家的感觉。因为这里是一切开始的地方。"

"是啊，恐怕是的。"索菲思索道，"你知道吗，我奶奶给我讲过很多过去的故事，讲她小时候怎样跟着家人来到这里。以前，她家住在别处——她把那里称为故乡，即便她很久没有回去过了。或许像故乡这样的地方人们只能有一个，因为'开始'只有一个。人们可以从那里带走重要的东西，到别处安家——不管怎么说，这也挺好的，不是吗？如此一来，人们在必须搬家的时候，也不用太忧虑了。"

"是啊，有时候人们会在别的什么地方建造房屋，随后又回到出发的地方——这样两个地方就都有新鲜事了。就像刺猬，每年冬天都爬进我们搭的小屋里，而我们根本不知道它从哪里来——但到了下一个冬天，它又会回来，并对它的小屋感到高兴。再加一根树枝，我们就建成了，不是吗？"

"是啊。"索菲答道。他们俩满意地打量着由粗粗细细的树枝搭成的厚堆，"这对刺猬来说真是个好家，就算它的故乡在别的什么地方也不要紧！"

我们周围所能看见的一切，是否开始于某个时刻？对此，许多研究者思考了很久，最后却没能给出终极答案。

　　这个下午，斐乐和索菲试着对这个问题找出自己的答案。在这个过程中，他们还会遇到一些新的问题，这可真不赖。

试着

寻找
开端

"一切到底是从什么时候开始的，索菲，你怎么想？"斐乐问。他们俩正把自己的滑板放到桦树下的两块石头上。斐乐拍拍裤子上的积雪，眯着眼望向光秃秃的树枝。

"你说的'一切'是什么？"索菲问。

74

"就是存在的一切。就像头顶上的树叶，现在树是光秃秃的，但到了春天，树叶又会长出来，每年都是如此，那总有什么时候是第一次。第一次，有什么东西活过来了。"斐乐思索着，大声说道。

"是啊，不过——我想——没人知道得那么清楚吧，除非老早就在这里，并且度过了漫长的时间，直到第一个微小的生命变成很棒的事物，比如叶子、花朵、小奶猫或者你我这样的人类。"索菲回答道，"去年我们的猫咪生了小猫，我也想过类似的事情。后来我爸爸就给我讲了进化

论。”她接着说。

"最初只有一些细胞，后来从细胞中发展出了生物。那些最能适应这个世界的动物种类，总是最受偏爱。而那些有助于它们生存下来的特征，经过许多年的进化，变得越来越强大，越来越完善，比如长颈鹿的长脖子，还有狗那灵敏的鼻子。"

"是啊，没错，这些我也听说过。"斐乐有些不耐烦地说，"但是我想说的是另一回事。肯定存在着某个最初时刻，以前没有生命，不知怎的'咔嚓'一下，后来就有了生命——这到底是怎么回事呢？"他继续钻研道。

"不知道。"索菲耸耸肩膀。

"或许是'神'所为，但我无法想象有谁像做陶器或工艺品那样创造这里的一切。这么说听起来仿佛是谁制作了树叶，就像制作舞台道具一样，而另一个谁早就已经想好了树叶该长成什么样。"斐乐说。

"可是，把一切搞得明明白白很重要吗？"索菲继续思索道，"很多事就是这样，突然发生了，人们也不清楚它为什么发生。不知什么时候就到了这一步，一切都协调有序，比如你的生日蛋糕非常棒，草莓的颜色美丽、味道可口，洗澡水的温度刚刚好。就是有什么事发生了，有什么东西尝起来恰到好处，或者皮肤的感觉极为美妙。一些东西凑到一起，创造出了新的东西。"

"嗯——"斐乐歪着头，同时把滑板旁边的积雪拢成一堆，"就是'咔嚓'一下——并没有谁必须为此做什么，或许也没有仔细留心发生了什么。就这样，新的东西开始了——不论我们现在是否理解。"斐乐停住挖雪，"看这里，索菲，雪花莲已经冒出尖了——在雪下面。"

索菲微笑道："难得一见。或许有时候我们就应该停下来，不要总那么卖力，最棒的事物总是会自己出现。不过我相信，大人们更喜欢进化论和'生存下来'的观念——他们总觉得'努力'才是最好的。"

"是啊，"斐乐咧嘴笑道，"多好啊，我们还没有长大，还有许多新的东西可以开始和发现。"

在斐乐和索菲思考的问题中, 有些是非常古老的——在许多个世纪以前就有不同的思想者和哲学家思考过了。如果你有兴趣再找找其他的回答, 你可以从这里读到一些示例, 看看这些问题在哲学中还可以做怎样的延展。

"最重要的是, 不要停止发问。好奇心自有它存在的理由。它会驱使你充满惊奇地思索永恒、生命及现实世界的神奇结构。哪怕只是试着理解日常的小奥秘, 都令人心满意足。永远不要丢失这种神圣的好奇心。"

——阿尔伯特·爱因斯坦

更多

?

问题

---

① ti estin，拉丁语，哲学概念，术语一般称作"其所是"。

事物究竟为什么存在?

哲学早在两千多年前就出现了，有时人们会说，欧洲哲学的"摇篮"在希腊，因为很早以前那里就有人提出过非常聪明的问题。

有些古希腊思想者的观点，直到今天都很重要。其中之一是亚里士多德（公元前384—前322）。就如他的老师柏拉图一样，他相信，一切哲学探讨都起源于好奇——对我们周遭事物的好奇："ti estin"，亚里士多德这样问道，翻译过来就是"什么是什么"。这是个简单但重要的问题，因为我们经由它而开始思考。

许多个世纪之后，德国哲学家戈特弗里德·威尔海姆·莱布尼茨（1646—1716）提出了这个问题："事物究竟为何存在，而不是虚无？"对此，我们今天仍能作出思考。并且，大多数事物每日都会重现，尽管这样挺好的，但是想想世界若没有它们会成什么样子，有时候也实在很有趣。

我们如何辨别美？

哲学中有一个特殊的方向，探寻我们如何用自己的感官去体验世界，这就是"美学"。这个概念来自希腊语的"感知"一词，最初与美并没有太大关系。

但许多思想者确信，美是一种我们可以用自己的感官——眼睛、耳朵、鼻子、手——去感知的事物。并且，只有当精神能够思考感知到的一切具有何种意义时，精神才会出现。

德国诗人弗里德里希·冯·席勒（1759—1805）写过一篇《美育书简》，他在其中陈述了美的不同形式。我们认识美的最佳途径，是与事物进行"游戏"，观察它们，让它们处于本来的状态之下，而不必去辨别或分析——就像斐乐和索菲对樱桃花所做的那样。

人们能寻找幸福吗?

幸福一点儿也不容易找到, 人们也没有办法真的去寻找它。不管怎么说, 所有人都渴望幸福, 只是没有人确切地知道它是怎么回事, 以及我们应该做些什么来确保自己幸福。

对于什么是"良好生活", 古希腊人也已经思索过许多了。然而他们认为, "良好生活"并不意味着整天都只有快乐, 重要的是, 能够对自己拥有的东西和正在做的事情感到快乐。我们由此学会认清正确的"尺度", 当我们做到这一点时, "喜悦"或许就是我们最后达成的目标。此时, 那些短暂而特别的幸福时刻就只是许多事情中的一件, 并且事实上, 它们会与我们相遇, 即便我们并没有专门寻找。

德国哲学家弗里德里希·尼采(1844—1900)尽管

并非"适度"生活之人，却也一直在小事中寻找幸福。在他的著作《查拉图斯特拉如是说》中，主人公查拉图斯特拉踏上旅程，去寻觅生活的真实。中午时分，他正要在大树底下歇息，幸福就射中了他——就在树冠沙沙作响的那个轻柔的"刹那"。

斐乐和索菲也经历过与之相似的时刻，幸福不请自来，他们完全没有寻找。

情感对我们有什么用？

在很长时期里，许多哲学家都极少谈论情感，比如古希腊和古罗马的斯多葛主义者。他们认为，情感有碍思想，使我们迷乱。长久以来，在探寻真理的时候，许多哲学家都更信赖理智、严谨的思索和富有逻辑的思考。

19世纪初期，有一些思想者——浪漫主义者——却试图把诗歌发展成一种全新的属于情感的语言。人们可以借此找到真理的完全不同的形式。随后，另一些哲学家，比如马克斯·舍勒（1874—1928），也开始在情感和思想之间搭建桥梁。斐乐和索菲意识到，人们既要认清自己的情感，也应了解如何谈论它，当人们确实想要做某件事时，还要知道如何让情感不成为阻碍。他们已经站在了舍勒之桥上。

我从哪里知道，你是我的朋友？

生活在公元前8世纪的古希腊诗人荷马（活动时期公元前9世纪或前8世纪）写了一部《伊利亚特》，其中有些关于探险和发现之旅的古老故事，谈到了美好的友谊。

是什么使两个人之间的友谊如此特别？第一位深入思考这件事的哲学家是亚里士多德（公元前384—前322）。他在一本书的几个章节中陈述了友谊的不同形式。然而最终他却得出结论，每一份真正的友谊都有某些独特之处。有时候我们说不清，就好像找到了住在自己灵魂里的另一个人，即便他的看法与自己大相径庭，喜欢的东西与自己也完全不一样。

许多哲学家都阅读过亚里士多德的著作，他们总是试图将他的思想嫁接到自己的时代中。直到今天，我们都还在思索，是什么将好朋友联系在一起。而美妙之处在于，我们每个人都可以来思考这个问题。

思想从哪里来?

亚里士多德的老师柏拉图(公元前428或427—前348或347),也是一位非常重要的古希腊哲学家。为了将思想保存下来,他写了很多对话,大部分是他想出来的,读起来就像故事一样。在这些对话中,柏拉图让彼此差异极大的人士发言,向我们揭示如何通过共同思考和对话达成新的认识,并给事物带来改变。

柏拉图曾经写道,思想就像是"灵魂与自身的内在对话"。他的意思是,思想是从我们自身产生的,但我们只有去寻找世界上还有什么思想,才能找到答案。我的朋友怎么想?我的姐妹怎么想?我的爷爷怎么想?为什么人们的思想如此不同?

这一直是个引人入胜的问题,值得我们思考。你可以独自思考,但若能与好朋友、奶奶、姐妹或足球伙伴进行对话,就更好了。

我长大后想做什么？

在哲学的漫长历史中，在解释我们到底是谁、我们可以变成什么样时，哲学家们的观点向不同的方向发散。

我们已经认识了柏拉图。他相信，形成我们的事物早已存在于我们之中，但我们必须先把它发掘出来，这样我们才能坚持学习，保持好奇心。

许久年以后的英国哲学家约翰·洛克（1632—1704）则确信，我们像"白纸"一样降生在这个世界。他把这种状态称为"tabula rasa"，即"白板"。约翰·洛克认为，我们要通过积累经验才能在某个时候成为人。

我们大多数人相信，真相就藏在某个地方；问题在于，我们从未能确切知晓，什么是"天生"的，什么不是。直到今日，它仍然是一个巨大的谜题，恐怕得耗费一生去寻找答案！

什么是公平?

不知什么时候人们发现,如果他们不再独自过活,也不再在小家庭中共同生活,日子会容易许多;在大群体或社会中生活,每个人都能帮助别人,每个人都能做不同的事务,日子会更美好和安全。

18世纪时的法国哲学家让-雅克·卢梭(1712—1778)曾经思考过,人是否需要为此签订一项"社会契约",以确保人与人之间的公平。

决定什么是公平可并不容易,因为有时候,对某个人有益的事,对别人来说全然不是好事。不过恰恰是这个差异,给了我们理由,去思索公平意味着什么。公平就是说,人与人之间本来并不相同,但他们成为什么样的人以及他们能做什么却具有同样重要的价值。

死亡究竟是怎么回事?

　　16世纪的法国哲学家米歇尔·德·蒙田(1533—1592)思考了许多关于生活的问题,并将这些想法写成了许多篇文章,即《蒙田随笔》。他确信,哲学能在生活中给我们以帮助,去思索那些常常是谜题或秘密的事物——比如死亡。蒙田相信,死亡不是生命的结束,而关于死亡的知识会让我们在活着的时候改变生活。动物浑然不知自己将要死亡,花朵不清楚自己会凋谢,我们却知道自己并不会永远存在,这件事会改变我们的生活。

　　有时候这会使我们非常悲伤,却也向我们指出生命的可贵——就像一份神奇的礼物。

时间如何流逝?

对哲学家、物理学家和数学家——比如大思想家牛顿(1643—1727)来说,时间也是一个巨大而古老的谜题。有些科学家认为,世界上还存在着人类之外的时间,它就像一件事物、一棵树或一只动物那样,区别只在于人们无法看到它。

有些思想家把时间当作测量工具,比如测量事物如何改变、事件如何发展,等等。

另一些思想家则确信,时间在现在及未来都是小小的奇迹。抱有这种想法的包括哲学家奥古斯丁(354—430)。

显然我们都要与"时间"这个奇迹打交道,尽管我们的方式有所差异。我们看手表,约定游泳的时间,但我们对时间流逝的感受却截然不同。我们可以规划未来,回忆

过去，而过去和未来却相互关联，因为每个人都生活在他

自己的时间之中。或许到头来人们根本就不知道时间是什

么，但理应用心从自己的时间中获得益处。

何处是我家？

我们在家时感觉良好，是什么使我们有这样的感觉？不一定是地点，也可能是我们周围的人或我们喜欢做的事。此外还有我们日常使用的语言和词语，也会加强我们"在家"的感觉——无论我们此时身在何处。

德国哲学家汉娜·阿伦特（1906—1975）被迫离开故乡，在不同的国家寻找新"家"。她确信，我们在自己的母语中"生活"，就是在我们始终拥有的、可以带到任何地方、不会丢失的东西之中生活。

我们也可能住在某个地方，却不觉得那是家，不把它当故乡。许多从其他国家来的人，尤其是难民，对此肯定深有同感。或许我们应该多加思索，是什么使自己的家如此特别，我们能不能帮助别人，至少让那些远道而来的人有一点儿家的感觉。

试着寻找开端

在我们称为"世界"的所有这一切的背后究竟藏着什么？首先提出这个问题的是几位自然哲学家，比如思想家阿那克西曼德（公元前610—前546或545）。早在柏拉图和亚里士多德之前，他就思考过，生命是从哪些源头或哪些物质、在什么时候发展出来的。对于事物的起源，哲学家们的设想相去甚远：这个被他们称为"以太"的第一因应该是什么，他们的回答大不相同。阿那克西曼德认为这是一种精神力量，即"阿派朗"；另一些人认为水是第一元素，就像"原始汤"一样；还有些人则认为，生命由许多小的部分组成，即"原子"。哲学家德谟克利特（约公元前460—约前370）坚信，整个世界乃至我们的灵魂都是由原子组成的。

直到今天我们仍然不确定，一切究竟是如何开始

94

的。有些人相信上帝是万物的创造者。有许多不同的学科

都在研究，开端究竟意味着什么——但最重要的是，我们

每个人都有自己的思考，这样我们就能一起寻找答案。

著作权合同登记：图字 01-2018-2457

图书在版编目（CIP）数据

孩子都是哲学家 / (德) 依娜·施密特著；

(德) 雷娜·艾勒曼绘；南曦译. -- 北京：天天出版社，2019.9

ISBN 978-7-5016-1454-7

Ⅰ.①孩… Ⅱ.①依… ②雷… ③南… Ⅲ.①哲学—少儿读物 Ⅳ.①B-49

中国版本图书馆CIP数据核字(2019)第001756号

责任编辑：范景艳　　　　　　　　　美术编辑：邓 茜
责任印制：康远超　张　璞

出版发行：天天出版社有限责任公司
地　址：北京市东城区东中街 42 号　　　　邮编：100027
市场部：010-64169902　　　　　传真：010-64169902
网　址：http://www.tiantianpublishing.com
邮　箱：tiantiancbs@163.com

印　刷：北京博海升彩色印刷有限公司　　经销：全国新华书店等
开　本：880×1230　1/32　　　　　　　印张：3
版　次：2019 年 9 月北京第 1 版　　　　印次：2019 年 9 月第 1 次印刷
字　数：30 千字　　　　　　　　　　　印数：1-8,000 册

书　号：978-7-5016-1454-7　　　　　　定价：24.00 元